Naiem Ahmadinejadfarsangi

Shahid Quds

Naiem Ahmadinejadfarsangi

Shahid Quds

(شهید قدس (حاج قاسم سلیمانی

Éditions Muse

Cover image: www.ingimage.com

Publisher:
Éditions Muse
is a trademark of
International Book Market Service Ltd., member of OmniScriptum Publishing Group
17 Meldrum Street, Beau Bassin 71504, Mauritius
Printed at: see last page
ISBN: 978-620-2-29780-6

Shahid Quds

شهید قدس

حاج قاسم سلیمانی

Naiem ahmadinejadfarsangi

Table des matières

Histoire de la Palestine

Dans les temps anciens, la Palestine était appelée la «terre de Canaan»; Depuis le début de l'histoire, les Arabes cananéens y ont vécu, et le nom de Palestine, à l'occasion de l'une des tribus crétoises qui s'est installée sur la côte méditerranéenne entre Jaffa et Gaza au XIIe siècle avant JC, est devenu plus tard connu sous le nom de Palestiniens. , A été placé sur ce terrain.8

Les Phéniciens, d'origine sémitique et parlant la langue sémitique, ont émigré vers la Méditerranée orientale avec les immigrants amoréens et cananéens vers 3000 avant JC et se sont installés autour du Levant (Kaleh Siri) et des terres côtières méditerranéennes. Au troisième millénaire, les caravanes, les navires et les armées envoyés dans cette région par les dirigeants de la Mésopotamie et de l'Égypte étaient désignés par les habitants de ces régions sous le nom d'Amoréens, et il n'y avait aucune mention des Phéniciens. Le terme existe depuis l'époque d'Homère, et les Cananéens, à partir du moment où ils se sont familiarisés avec l'écriture, se sont appelés la ville où ils vivaient, le peuple de Sidon, le peuple de Tyr ou de Canaan en général, et ne se sont pas appelés Phéniciens. Leur centre principal était apparemment près de la mer Rouge et près du golfe de Suez et du golfe d'Aqaba, d'où ils ont migré vers la Méditerranée. (Ainsi, l'origine des Phéniciens et des Cananéens est la même.) Ce sont les Cananéens qui ont construit la ville de Jérusalem. "Yur" signifie établissement et "Shalim" est le nom du Seigneur de la paix. Les

Cananéens, qui, selon la tradition historique, étaient le premier groupe uni dans cette région et vivaient sur cette terre à la fin du quatrième millénaire avant notre ère, construisirent la ville de «Jérusalem»; Mais parce que le roi Sadegh, leur roi, aimait la paix et la tranquillité en l'honneur de Shalim, le Dieu de la paix l'appelait Jérusalem (la ville de la paix) et l'appelait aussi «JEBUS» avant que David ne l'envahisse. (Jebus est le nom d'un peuple qui vivait dans cette ville au moment de l'invasion de David et c'est pourquoi la ville a été appelée par ce nom.) Les Cananéens étaient à un niveau élevé en termes de civilisation. Ils utilisaient le bronze et le fer dans le travail industriel et avaient des compétences particulières dans la fabrication d'anneaux militaires

Selon la légende, vers 1730 avant JC, plusieurs

tribus hébraïques sont venues de La Mecque au pays de Canaan. Ces tribus ne se sont pas installées au pays de Canaan; Au contraire, ils sont allés en Egypte et ont continué à vivre sous le règne des pharaons. Ces tribus sont sorties d'Égypte mille deux cent quatre-vingt-dix ans avant JC et ont erré dans les déserts pendant un certain temps.

Selon la Torah, en 1200 avant JC, Canaan a été conquise par Josué. Josué a traversé le Jourdain et a attaqué la ville de Jéricho (exactement 1800 ans après l'arrivée des Cananéens dans la région.)

Dans le récit de voyage de Joshua ibn Nun, l'Ancien Testament, le chapitre six est indiqué: 12Les enfants d'Israël tuèrent tout le peuple de Jéricho, hommes et femmes, jeunes et vieux, et même abattirent des animaux par le tranchant de l'épée. Tout ce qu'ils ont trouvé dans la ville, ils l'ont incendié, non seulement en gaspillant des ustensiles en or, en argent et en cuivre et des outils en fer, mais aussi en les rassemblant dans le trésor du Seigneur.

Après Jéricho, d'autres villes palestiniennes ont été capturées; «Mais le peuple de Jérusalem (Ibus) a résisté et, finalement, ne s'est pas rendu, et les côtes de Palestine sont restées aux mains des Palestinicns».

Il y a eu des guerres sporadiques entre les Israéliens et les premiers habitants de la Palestine pendant 200 ans, jusqu'à ce qu'en 1000 av.J.-C., David 13 établisse le premier gouvernement d'Israël.

Les règnes de David et de Salomon (1000 935 avant JC) étaient les années d'or de l'ancien état d'Israël. Les États-Unis d'Israël ont été divisés en parties nord et sud (Israël et Judée) en 922 av.J.-C., toutes deux tombées plus tard.

Le règne du nord d'Israël est tombé en 721 avant JC pendant le quartier assyrien et le règne de la Judée en 587 avant JC par les Babyloniens et a été complètement détruit, les Juifs captifs ont été dispersés. George Friedman écrit: 14 "Les douze tribus d'Israël ont été exilées vers le Caucase, l'Arménie et surtout Babylone, et ainsi le peuple juif a péri de tout son être, avec sa race, sa communauté nationale et religieuse." . »

Cependant, le roi Cyrus de Perse a vaincu Babylone en 520 avant JC, a libéré les Juifs et les a renvoyés en Palestine; Mais ils sont venus sous la domination macédonienne et romaine et ne sont jamais arrivés au pouvoir. Pendant la domination macédonienne et romaine, le peuple juif s'est révolté à plusieurs reprises; Mais malgré toutes ces révoltes (en particulier la révolte sectaire intensifiée), l'État juif n'a pas été rétabli.

Comme l'écrivait le Grand Rabbin britannique en 1917: 16 "Après le décret émis par Cyrus, la plupart des Juifs sont restés à Babylone." Ce point est approuvé par A.T.

A.T.OLMESTEAD est également un historien américain. "17 Il était difficile de s'attendre à ce que les riches juifs quittent la terre fertile de Babylone à cause des collines stériles de Judée", écrit-il.

Dès lors et jusqu'au XXe siècle, les sionistes ont pu organiser l'émigration d'un grand nombre de Juifs vers la Palestine sous la tutelle britannique.Peu de Juifs vivaient dans ce pays, et pendant le XIXe siècle, la Palestine était plus ou moins vide de Juifs. Benjamin, un pèlerin juif qui visite la Terre Sainte vers 1170 1171, n'y trouve que 1 440 Juifs, et Neman Jarundi dit: «En 1267, seules deux familles juives vivaient à Jérusalem».

Compte tenu de ces faits historiques, l'affirmation du sionisme selon laquelle il se considère comme l'héritier de la Palestine, assimile l'histoire politique de cette terre à la domination du royaume d'Israël dans les années avant Jésus-Christ, et considère les Hébreux comme les premiers habitants de la Palestine, n'a aucune crédibilité. N'a pas. Certains savants juifs le confirment. Par exemple, dit Maxim Rodinson, un érudit juif français: "Le peuple palestinien est dans tous les sens indigène des anciens Palestiniens et des descendants des Cananéens et d'autres premières tribus palestiniennes."

La Palestine au Nouvel Âge

La question du retour des Juifs en Palestine et de l'établissement de la société et du gouvernement israéliens n'était en principe ni sioniste ni juif; Au contraire, elle est soulevée par les puissances coloniales européennes pour leurs propres intérêts et pour s'implanter dans la région. Le nationalisme juif a été créé pour protéger ces intérêts, qui était un phénomène européen et a commencé et s'est développé dans la seconde moitié du XIXe siècle en Europe occidentale et en Russie.

En 1652, avec l'autorisation des Antilles néerlandaises, une parcelle de terrain sur l'île CURASAO a été donnée à Joseph NUNEZDAFONSECA et à d'autres pour établir une colonie de gentils sur l'île ... mais cela n'a pas réussi. En 1654, l'Angleterre prévoyait d'installer les Juifs dans sa colonie appelée SURINAM. La France dessine également un tel plan lorsqu'elle conquiert l'Égypte. Après la conquête de l'Égypte et l'occupation ultérieure de la Palestine, Napoléon a cherché à établir un État juif en Palestine; Parce qu'il fallait protéger les intérêts de la France. Cette action échoua avec la défaite de la France face à l'Angleterre. En 1840, les grandes puissances coloniales européennes, tentant d'infiltrer l'Empire ottoman en déclin, soulevèrent la question de l'avenir de la Syrie, alors occupée par les forces égyptiennes. En août 1840, le Times a publié un article intitulé "Syrie, le rapatriement des juifs", qui se lit comme suit:

«La proposition d'installer les Juifs sur leur terre ancestrale, sous les auspices des cinq grandes puissances, n'est plus une question d'imagination; C'est plutôt une question politiquement valable. »

EARL OF SHAFTESBURY, un éminent politicien britannique, écrivit dans une lettre adressée au secrétaire d'État de l'époque Palmerston en septembre 1840: "A la lumière de la nouvelle situation en Palestine ou de sa colonisation, nous verrons que ce plan et cette action sont le moyen le moins cher et le plus sûr de répondre aux besoins de ces zones peu peuplées."

Lord Palmerston, à son tour, a écrit une lettre à l'ambassadeur britannique à Ankara à la même date, lui demandant de persuader le sultan ottoman d'accepter l'établissement d'un centre juif en Palestine et le retour des juifs là-bas. En 1842, le consulat britannique à Jérusalem a été ouvert. Le même consulat a publié une déclaration en 1848 déclarant que la Grande-

Bretagne était le seul pays soutenant les citoyens juifs russes vivant en Palestine. Malgré tous ces efforts, Palmerston n'a pas réussi à persuader les Juifs d'aller en Palestine et d'établir un État juif; Parce que les juifs ne voulaient pas quitter l'Europe et leur vie heureuse; Par conséquent, la question est restée silencieuse pendant un certain temps. Cela a ensuite été relancé sous le règne de Disraeli, alors Premier ministre d'Angleterre entre 1868 et 1880. Un rapport colonial intitulé "Campbell Bannorman" décrit l'état des relations de la Grande-Bretagne avec la région, en particulier la Palestine, en tant que chef du colonialisme. Le problème qui menace l'existence des empires européens dans la région sud et est de la Méditerranée est que si les nations de cette région continuent de s'éveiller, de se coordonner et de progresser, il est sans aucun doute dans l'intérêt des Européens de

Kelly disparaîtra; "Par conséquent, tous les pays intéressés doivent continuer à persévérer dans la politique de division de la région pour retenir sa population."

Le rapport recommande que tout moyen scientifique actif soit utilisé pour détruire le lien intellectuel et spirituel des nations de la région. Par exemple, en établissant une barrière humaine forte et étrangère, la partie africaine doit être séparée de la partie asiatique. Si cette nouvelle force est stationnée près du canal de Suez, elle peut mieux protéger les intérêts occidentaux. Selon le rapport, le colonialisme britannique a mené une politique de désintégration des terres arabes.

Ainsi, la pâte principale de la pensée sioniste, à savoir le retour en Palestine et la création de l'État d'Israël, a été initialement proposée par les puissances coloniales rivales en Europe, puis par la bourgeoisie juive alliée au capitalisme européen pour atteindre ses objectifs et le mouvement sioniste. Il a fondé.

En raison de ces factions coloniales, nous assistons à l'émergence d'associations et de rassemblements juifs à travers l'Europe, soutenus par les Britanniques. L'une des plus célèbres de ces associations était le Mouvement des amoureux sionistes, qui a vu le jour en Russie en 1882. Les sionistes étaient actifs dans toute l'Europe, avec leur siège à Paris. Le colonel GOLDSMITH au Royaume-Uni a proposé la création d'un corps militaire pour assurer la sécurité des colonies juives de Palestine. Il a également produit des cartes en hébreu sur la Palestine. Goldsmith croyait que «la question juive ne sera jamais résolue; "A moins qu'un Etat juif ne soit établi sur la terre de Palestine." Dirigeant les sionistes en Grande-Bretagne et dans de grandes parties de l'Europe occidentale, il a exposé son plan pour un État juif:

1 Croire à la «pensée nationale» en Israël

2 Développement du plan de colonisation de la Palestine et mise en œuvre de ce plan dans les terres adjacentes par les Juifs à travers la création de nouvelles colonies

3 Développer l'enseignement de l'hébreu en tant que langue vivante

4 Améliorer la condition morale, intellectuelle et matérielle d'Israël

Les membres de la communauté juive de Palestine doivent obéir aux lois de la terre d'Israël pour accroître leur bien-être. Cependant, les amoureux de Sion et les autres associations qui suivent constituent les principaux motifs du retour des Juifs en Palestine; Mais le fondateur du sionisme politique et de l'État d'Israël est Théodore Herzl.

Historiquement, la montée du sionisme politique a coïncidé avec la publication de L'État juif de Theodor Herzl en 1896. Dans ce livre, une tentative est faite pour rechercher les réalités nationalistes dans les mystérieux éléments idéologiques du sionisme religieux. Au cœur des théories d'Herzl, comme il le dit, est que la question juive, «ni en tant que question sociale ni en tant que question religieuse, ne peut être justifiée». C'est, en fait, un problème national. "C'est une question nationale que nous devons présenter comme une question politique dans les relations internationales pour y faire face. En fait, nous sommes une nation, une nation unie." Dans la perspective du sionisme politique, les Juifs étaient considérés comme une nation avant tout. Chaque connexion soulève la question du sionisme d'une manière nouvelle. Selon lui, il dessine et présente les résultats suivants pour les

Juifs:

A. Les juifs forment une seule nation dans le monde et dans tous les pays où ils vivent. Ils ont été torturés à tout moment et en tout lieu. Ils ne sont pas comparables aux nations parmi lesquelles ils vivent.

Herzl a publié The De West en 1887, qui est devenu l'organe officiel et l'éditeur des idées sionistes. La même année, de sa propre initiative, le premier Congrès sioniste a été convoqué dans la ville suisse de Bal, qui a décidé de créer un centre national juif en Palestine et de créer l'Organisation sioniste mondiale.

Le premier congrès du sionisme a fixé son objectif comme suit:

"Le but du sionisme est de créer une patrie pour le peuple juif en Palestine, cette patrie est garantie par le droit public."

Annonce de la conférence de l'escadre (1897) «Le sionisme vise à établir une patrie pour le peuple juif en Palestine qui sera garantie par la loi. Pour atteindre cet objectif, le Congrès propose les outils suivants:

1 Accélérer la colonisation de la Palestine par les ouvriers agricoles et industriels juifs, le cas échéant

2 Organiser et rassembler tous les Juifs par des organisations locales et internationales spéciales, conformément aux lois de chaque pays

3 Renforcer et fertiliser les sentiments et la conscience nationaux juifs

4 Prendre les mesures préliminaires nécessaires pour obtenir le consentement du gouvernement (Ottoman M.) pour atteindre l'objectif du sionisme »

Il ressort clairement du programme Wing que le sionisme est un mouvement racial et colonial, et son objectif est de chasser les Juifs de leurs communautés à travers des migrations successives pour créer un État national juif en Palestine. En d'autres termes, le sionisme a délibérément décidé de transformer les juifs opprimés des sociétés occidentales d'abord en immigrants, puis en citoyens palestiniens, et finalement en occupants des terres arabes et en déplaceurs d'Arabes palestiniens. La stratégie principale de cette politique reposait également sur le soutien des pays coloniaux. Tous les efforts de Herzl et d'autres sionistes montrent que le mouvement sioniste se voyait dans un mouvement ethnique colonial et un allié des pays impérialistes, sans lesquels il n'aurait pas pu atteindre son but.

En général, la philosophie du mouvement sioniste est basée sur l'agression et l'agression; C'est-à-dire que l'acte de migrer le plus de Juifs possible par tous les moyens possibles, de la coercition et de l'incitation à la tromperie, et si la terre occupée ne pouvait pas accueillir les immigrants existants, devrait envahir les terres voisines et s'en emparer par la force pour en rêver. "La terre d'Israël" ou "Grand Israël" sera réalisée.

La méthode du sionisme à l'époque de Herzl et Weizmann avait des caractéristiques spéciales, dont la plus importante était "la mise en scène". Cela est évident dans la politique progressive à l'égard de la Palestine; C'est-à-dire son occupation par l'armée avec la coopération du colonialisme et la tentative de prendre le contrôle économique du destin du pays, puis de contrer toute protestation des forces armées. Pendant le règne des Britanniques, il a permis la formation d'une force juive entraînée et armée. Défense (paiement), cette organisation a évolué avec la coopération des Britanniques au fur et à mesure des différentes étapes de l'invasion et de la colonisation.

Après le Ball Congress, la première dispute a éclaté sur la localisation de l'État juif; Parce que certaines personnes ne croyaient pas à la formation d'un État israélien en Palestine à cause des faits. "Un autre point est que, selon Ivanov, l'idée de créer un État juif n'était qu'un outil et une filiale." Par conséquent, l'emplacement de ce centre d'influence était de peu d'importance pour les sionistes:

"Nous n'avons pas nécessairement à vivre à l'endroit où notre gouvernement a été détruit autrefois ... Nous n'avons besoin que d'un lopin de terre pour posséder ... Nous avons préservé nos Saint-Qods depuis la destruction de notre ancienne patrie," Nous allons y arriver, je veux dire croire en Dieu et en la Bible; Parce que ce sont eux (et non le Jourdain et Jérusalem) qui ont fait de notre patrie une terre sainte. "Si les grandes puissances acceptent d'accorder au peuple juif le droit à l'indépendance dans un pays neutre, l'Association (l'Organisation Sioniste Internationale) entamera des négociations sur le pays qui devrait être choisi à cet effet."

Histoire de la formation d'Israël

En 1898, Theodor Herzl, journaliste et écrivain juif en Autriche, a publié un livre intitulé L'État juif. Dans ce livre, il a défendu la formation d'un État juif et a donné à l'opinion publique occidentale un bagage intellectuel pour accueillir le mouvement sioniste. Étant donné que les Juifs en Allemagne avaient plus d'influence politique et de liberté d'action que tout autre pays, Herzl a d'abord tenté de persuader le sultan ottoman de régler les Juifs en Palestine par le biais du gouvernement allemand, mais les efforts ont été discutés pour diverses raisons politiques, y compris la déclaration du jihad musulman. Les attaquants étrangers n'ont pas réussi. C'est pourquoi les Juifs se sont jetés dans les jupes de l'Angleterre.

Lors de discussions avec l'envoyé britannique auprès des Sykes, les dirigeants juifs lui ont assuré qu'ils défendraient la Palestine soutenue par les Britanniques dans la "Société des Nations" et ne permettraient pas à la France ou à tout autre gouvernement de protéger la Palestine. Sykes, d'autre part, s'est vu promettre un prêt de n'importe quelle taille et s'est engagé à faire pression sur le gouvernement américain pour qu'il intervienne en faveur des Alliés et contre l'Allemagne. Ces mesures ont en fait ouvert la voie à la publication de la Déclaration Balfour le 2 novembre 1971. Dans une lettre à Lord Rothschild, le ministre britannique des Affaires étrangères de l'époque, Balfour, a annoncé la création d'une patrie nationale juive, connue sous le nom de Déclaration Balfour. L'annonce disait:

"Compte tenu de l'intérêt particulier du gouvernement britannique pour l'établissement d'une patrie nationale juive en Palestine, il travaillera pour atteindre cet objectif et facilitera ses moyens."
À la suite de la déclaration de Beaufort, les troupes britanniques ont occupé Jérusalem le 9 décembre 1971 et, à l'automne 1918, ont réussi à forcer toutes les troupes ottomanes en Palestine à se rendre et à occuper tout le territoire du pays. En 1919, la Conférence de San Remo, composée de représentants de la France, de la Grande-Bretagne et de l'Italie, après un examen approfondi de la situation en Palestine, accepta la Palestine soutenue par les Britanniques. Le 24 juillet 1922, la tutelle britannique de la Palestine a été officiellement approuvée par le Conseil de la Société des Nations. À la lumière du soutien

britannique et malgré l'opposition arabe, la migration juive vers la Palestine, qui a commencé il y a plusieurs années, s'est accélérée. D'un autre côté, la politique antisémite d'Hitler a augmenté le nombre d'immigrants européens. En 1946, sur les 1 560 972 habitants de Palestine, plus de 608 000 étaient juifs. Alors que le nombre de Juifs en 1918 était d'environ 56 000. La plupart de ces immigrants venaient d'Europe de l'Est. Alors que la population juive en Palestine augmentait et que leur pouvoir politique augmentait dans la région, les masses arabes, scandalisées par l'influence juive et en même temps inquiètes, ont fait pression sur la Grande-Bretagne pour qu'elle ne se range pas du côté des sionistes. A cette époque, les sionistes en Palestine avaient pratiquement créé une force autonome et formé une armée secrète appelée "Hagana". La tâche de cette armée était d'assassiner l'opposition et de combattre les masses arabes.

Pour faire taire les masses arabes et empêcher leur révolte, la Grande-Bretagne a publié le Livre blanc en 1939, déclarant que les Juifs pouvaient avoir un centre national en Palestine mais n'avaient pas le droit d'établir un État indépendant. Cette déclaration a irrité les sionistes et ils ont décidé de réaliser leurs intentions contrairement à l'opinion britannique. Mais à ce moment-là, la Seconde Guerre mondiale a éclaté et la question de la Palestine a été éclipsée par les nouvelles de la guerre. Après la fin de la Seconde Guerre mondiale en 1947, la Grande-Bretagne a annoncé qu'elle quitterait la Palestine l'année suivante et céderait son administration aux Nations Unies. Le 29 novembre 1947, l'Assemblée générale des Nations Unies a adopté une résolution divisant la

Palestine en trois parties. 43% ont été donnés aux Arabes et 56% aux Juifs. Jérusalem a également été déclarée internationale. Au moment où l'occupation britannique de la Palestine a pris fin le 15 mai 1948, pratiquement toutes les institutions politiques palestiniennes avaient été démantelées et il n'y avait aucune organisation pour combler le vide. Les sionistes, qui ont dominé les territoires de l'État juif dans la résolution de partition, un conseil gouvernemental intérimaire composé de 38 Ils ont formé un membre qui a à son tour élu un cabinet de 13 membres. Le même jour, David Ben Gourion, devenu par la suite Premier ministre et secrétaire à la Défense, annonçait la formation du gouvernement. Immédiatement après cette annonce, les gouvernements des États-Unis et de l'Union soviétique ont reconnu Israël.

L'Occident craint l'effondrement d'Israël

«Israël est une partie essentielle du monde occidental; Un Occident dont les racines remontent aux racines juives chrétiennes, et si la cause du judaïsme est retirée de la civilisation occidentale et Israël détruit, le sort des Occidentaux est également détruit; Parce que le destin

"L'Occident est lié à Israël et inséparable." Ceci fait partie d'une citation du Times de Londres dans un éditorial du Premier ministre espagnol Jose Maria Aznar (1996-2004) mettant en évidence deux points clés; "Israël est en état de désintégration" et "l'effondrement d'Israël est la fin du pouvoir occidental au Moyen-Orient". Jusqu'à récemment, parler de la possibilité de l'effondrement du régime sioniste était considéré comme une sorte de fantaisie et de simplification; Mais aujourd'hui, le sentiment de peur imprègne le régime sioniste et ses partisans traditionnels en Occident. "Israël est en train de se désintégrer et verra bientôt le line-up ashkénaze", a déclaré le journal israélien Yedioth Ahronoth citant l'ancien journal Yedioth Ahronoth dans un article du London Times. "Nous serons des juifs occidentaux - par opposition aux" séfarades "- juifs arabes ou africains." Craignant une telle situation, «la Cour suprême du régime sioniste a averti les parents des élèves ashkénazes que si leurs enfants n'obéissaient pas à fréquenter les écoles mixtes séfarade et ashkénaze, le régime enverrait les parents de ces élèves en prison». Suite à la décision, une grande secte juive - les Harrids - a organisé des manifestations à grande échelle contre la Cour suprême du régime, et "Oramham Borg" a riposté en disant que les Harrids étaient effectivement séparés de la société israélienne. La réaction généralisée à l'attaque du régime sioniste contre un navire de la caravane de la liberté a clairement montré qu'Israël a perdu sa réputation internationale. L'hésitation et le silence de l'Occident en faveur d'un soutien ouvert à Tel Aviv leur ont sonné l'alarme. Notez les paroles d'Azar aux chefs des gouvernements occidentaux:

"Évitez les sentiments de colère et, en adoptant des positions rationnelles et équilibrées, considérez les faits et ne doutez pas de l'existence d'un gouvernement basé sur une résolution de l'ONU." "Le gouvernement israélien, 60 ans après sa fondation, mène une guerre qui doit défendre son existence même", a-t-il déclaré dans une conclusion décevante. La vérité que l'ancien responsable occidental a soulignée était l'identité palestinienne rétablie et la détermination croissante des musulmans à libérer la Terre Sainte de Palestine. En fait, Aznar lui-même n'a aucun espoir de survie d'Israël; Parce qu'il croit que le régime sioniste n'a pas encore dépassé le stade de la tentative d'exister, alors que la première génération de ce régime a complètement disparu et que la deuxième génération traverse la dernière décennie de sa vie.

D'un point de vue stratégique, l'affaiblissement d'Israël est un signe de l'affaiblissement de l'autorité occidentale au Moyen-Orient. Il y a environ cinq ans, un éminent professeur de l'Université de Jordanie, le Dr Abdul Mahdi

Abdullah, écrivait dans un article de recherche dans l'hebdomadaire Maria: "L'Occident, et en particulier les États-Unis, ont créé Israël, et cet Israël est maintenant leur base pour contrôler la région."

Dans les tout premiers mois qui ont suivi l'invasion de l'Irak par les États-Unis, le Centre d'études stratégiques Bista-Begin & Sadat, basé à Tel-Aviv, a écrit dans son rapport de novembre: «Après le conflit en Irak, nous sommes au bord d'un accord transatlantique. "Pour l'Europe et les États-Unis, le Grand Moyen-Orient fait certainement partie de cette équation, et Israël peut émerger comme un façonneur de cet équilibre stratégique." C'est l'image qui a été présentée dans le rapport «besacenter» il y a six ans. Comparez ce rapport avec l'image qui a été présentée dans les cercles politiques de ce régime et de l'Occident au cours

des quatre dernières années - en particulier après la lourde défaite d'Israël dans la guerre de 33 jours. Les notes Aznar ne sont que l'un d'entre eux.
Dans une analyse stratégique, il faut dire que, puisque l'Occident considérait Israël comme une position super stratégique au Moyen-Orient, son échec serait une ailure super stratégique pour l'Occident, et exactement Pour cette raison, les responsables américains étudient avec une grande inquiétude les problèmes liés à Israël et à la Palestine. Ils font constamment pression sur les autorités de Tel Aviv pour qu'elles cessent de prendre des mesures susceptibles d'aggraver la situation.

Un rapport conjoint publié par deux organisations issues du renseignement israélien - Shabak et Mossad - reflète la crise croissante à

Tel Aviv. "Alors que la scène intérieure israélienne n'est en aucun cas prête pour une nouvelle guerre, elle est témoin de la puissance croissante du Hezbollah libanais à ses frontières nord, augmentant l'instabilité en Cisjordanie - les frontières orientales - et la mobilité", indique le rapport. "Nous sommes forts avec le peuple de Gaza pour briser le siège." Le rapport énumère sept crises généralisées pour 2010. Israël a décrit et écrit sous la crise de la destruction du pouvoir des alliés palestiniens d'Israël: "La stagnation des pourparlers de paix avec l'Autorité palestinienne n'est rien de moins que le danger de l'Iran." "Si la situation continue ainsi, nos voisins - la Jordanie et l'Egypte - rejoindront le front anti-israélien dans la région, ce qui rendra toutes les frontières nord, sud et est peu sûres", ajoute le rapport. L'un des problèmes stratégiques d'Israël est qu'il n'est pas possible d'exercer davantage de pression sur le côté palestinien - en Cisjordanie ou dans la bande de Gaza - et ce montant s'est heurté à une réaction internationale. D'un autre côté, les Palestiniens ont jusqu'à présent résisté à toutes ces pressions. Cette situation fait comprendre aux Israéliens que la politique de pression ne fonctionne pas et qu'il n'y a pas d'autre choix que de la mettre de côté, ou plutôt de ne pas y céder, et c'est exactement pourquoi le régime extrémiste israélien a annoncé qu'il ouvrirait plusieurs passages terrestres pour l'entrée de matériaux. Ouvre la nourriture et la médecine; Bien entendu, cela ne signifie pas la levée du siège de Gaza; Parce que lever le siège de Gaza, c'est lever le siège naval; Pas terrestre. Gaza est toujours assiégée par le régime sioniste; Si les passages sont fermés ou ouverts; À moins que le régime sioniste ne disparaisse fondamentalement.

Pour comprendre la relation entre la survie d'Israël et la survie de la position de l'Occident au Moyen-Orient, il faut considérer le rôle de ce régime dans l'intégration de la politique occidentale au Moyen-Orient. Sans Israël, chaque pays occidental communiquerait avec un certain nombre d'entités politiques - des pays - du Moyen-Orient, et chaque pays européen mettrait l'accent sur un ou plusieurs aspects fondamentaux des relations bilatérales, ce qui conduirait à des politiques contradictoires et frictionnelles. ; Mais quand Israël est la principale base de l'Occident au Moyen-Orient, les Territoires palestiniens occupés sont le couloir commun de l'entrée de l'Occident au Moyen-Orient et le point de coordination de ces politiques, en d'autres termes, le régime sioniste "coordonne" les politiques occidentales au

Moyen-Orient. Imaginez maintenant - une idée qui n'est en aucun cas imaginaire et irréelle - que le régime sioniste s'est effondré et que l'Occident a perdu son couloir le plus important. Dans ces circonstances, des pays plus centraux du Moyen-Orient comme l'Iran équilibreront leurs relations dans la région; Autrement dit, un régime régional aux dimensions politique, sécuritaire, économique, culturelle, etc. remplacera un régime international; La différence est que cette fois le régime régional ne sera pas basé sur la force et la force militaire, mais sur la base d'une "coopération mutuelle régionale".

Raisons du soutien indéfectible des États-Unis à Israël

Quand en 1654 après JC. Les puritains (chrétiens qui croyaient en la suprématie du peuple juif) ont mis les pieds dans la terre inconnue d'Amérique, la sachant comme l'endroit que les prophètes d'Israël avaient promis à leur peuple. Ils ont appelé New York "Jérusalem" et les montagnes Rocheuses "Mont Sion" et ont projeté de rester dans le pays. La deuxième vague d'immigration juive aux États-Unis s'est produite en 1848 et la troisième vague en 1881. Les Juifs ont progressivement repris certaines industries et sont venus en aide au gouvernement américain nouvellement indépendant. Alors que leur activité économique en Europe était accompagnée de lourdes taxes et restrictions, aux États-Unis, ils pouvaient facilement accroître leur richesse et leur pouvoir. L'influence des juifs sionistes dans l'économie s'est progressivement étendue à l'arène politique. La formation d'unions et d'associations sionistes s'est intensifiée pendant et après la Seconde Guerre mondiale, et c'est à partir de ces unions que l'idée d'un État juif s'est formée. L'idée est devenue opérationnelle avec le soutien du président américain Franklin Roosevelt pendant la Seconde Guerre mondiale et en 1948. Sous la pression des États-Unis, les Nations Unies ont voté la création de l'État d'Israël dans les Territoires palestiniens occupés.

Les Britanniques ont beaucoup aidé à établir les sionistes en Palestine, mais c'est avec le soutien indéfectible des États-Unis qu'Israël a été formé. En fait, l'une des grandes conditions de l'afflux de richesses juives aux États-Unis était son soutien à l'établissement de l'État juif. Les Juifs, qui n'étaient pas initialement acceptés à New York, ont ensuite fait de la ville leur capitale, créant 32 organisations avec des milliers de subdivisions, dont la plus importante est le lobby de l'AIPAC, qui compte désormais sept bureaux aux États-Unis avec son siège. New York. L'Organisation sioniste d'Amérique (ZOA), plus ancienne que l'AIPAC, est la deuxième organisation pro-israélienne la plus puissante des États-Unis. Kahila est une autre organisation puissante qui a une forte influence sur toutes les affaires américaines. Cette organisation est également très active en dehors des États-Unis, et les experts politiques considèrent le déclenchement de deux guerres mondiales et toutes les atrocités commises par les pays occidentaux sous ces dernières.

On dit que l'influence des juifs sionistes dans l'économie, la culture et la politique américaines est telle qu'aucun homme d'État ou représentant n'ose s'écarter des intérêts d'Israël dans lequel le grand empire sioniste doit un jour se former. L'assassinat de Kennedy et l'éviction de Carter et Bush père après un mandat montrent que si le président ne sert pas les intérêts d'Israël, il doit démissionner.

La naissance de l'Amérique et d'Israël de la même source

Les nationalistes américains et les partisans de la préservation américaine sont divisés. Un groupe pense qu'en protégeant Israël, l'autorité américaine restera. D'autres, cependant, pensent qu'Israël avait autrefois bénéficié des avantages des États-Unis, mais aujourd'hui, il est devenu un perdant permanent et il sacrifie les États-

Unis. Le deuxième groupe se compose principalement d'immigrants qui ont enduré de nombreuses difficultés, désireux de vivre dans le pays le plus moderne du monde et qui ne veulent plus perdre ce désir. Ils croient que la Chine, avec son économie en croissance rapide, est une menace majeure pour les États-Unis et non pour le Moyen-Orient. On dit les États-Unis en 1890. Il a surpassé l'Angleterre, qui était une superpuissance à l'époque, et en 1945.

Est devenue la première puissance du monde occidental. Quelle garantie y a-t-il que la Chine en 2050? Ne pas dépasser l'Amérique et ne pas devenir une superpuissance en quelques années ?!

Mais les partisans de la grandeur américaine ne savent pas que les hommes d'État américains sont déterminés à soutenir Israël. Ni les États-Unis ne sont un instrument d'Israël, ni Israël n'est un instrument des États-Unis, mais les deux sont complémentaires. L'Amérique a été créée par les Britanniques, tout comme Israël. L'immigration de riches juifs de Grande-Bretagne vers les États-Unis au XIXe et au début du XXe siècle, leur influence dans l'économie et l'utilisation des élites, ont donné le pouvoir aux États-Unis et pour noircir leurs rivaux, les deux guerres mondiales d'Allemagne, de France et de Grande-Bretagne ont été noircies. Les États-Unis sont la seule puissance au monde. Lorsque les États-Unis sont devenus la superpuissance mondiale, ils ont soutenu la formation de l'État d'Israël, et à ce jour, ils ont été la ligne rouge du gouvernement américain. «La Grande-Bretagne est la mère de l'Amérique et le créateur d'Israël», déclare le Dr Hassan Abbasi. Cela signifie que les deux outils sont entre les mains du sionisme international.

Une autre raison pour laquelle les États-Unis et Israël se complètent mutuellement est l'harmonie des juifs et des francs-maçons au cours des quatre derniers siècles. Juifs et francs-maçons se sont unis contre les catholiques au 17e siècle. Cette alliance s'est formée en Europe. Lorsque les Juifs sont venus en Amérique, les francs-maçons sont venus et sont devenus les fondateurs de l'Amérique. Washington, Jefferson, Adams et Frankin, les quatre fondateurs des États-Unis, étaient membres de loges de la franc-maçonnerie et allèrent jusqu'à diriger d'importantes loges. En fait, les États-Unis ont été la première république maçonnique au monde à être formée avec le soutien des sionistes parce que tous deux soutenaient la destruction des religions. Ce sont les Juifs qui ont amené les francs-maçons en Amérique. La maçonnerie, bien sûr, a été créée par les Juifs, également à partir d'un groupe de chrétiens qui étaient anti-église et anti-religieux, et plus tard unis avec eux contre les catholiques.

Le général Soleimani et la Palestine

Le rôle de Qassem Soleimani en tant que commandant en chef du Front de résistance est indéniable, à la fois face aux forces Takfiri dans la région et dans la lutte contre le régime sioniste, en particulier dans les guerres de 33 jours au Liban et la guerre de 22 jours à Gaza. Un martyr qui, selon lui, a cherché les montagnes et les déserts à la recherche du martyre, et a finalement réalisé son rêve. Un témoignage qui, bien sûr, a porté un coup indéniable au front de la résistance, mais selon de nombreux experts, des milliers de Qassem Soleimani bouilliront de son sang.

Qasem Soleimani est né en mars 1935 à Kerman. Il a passé son enfance et son adolescence à travailler avec son père en tant que constructeur, et pendant sa jeunesse, il a travaillé comme entrepreneur dans la Kerman Water Organization. Avec la victoire de la révolution islamique et la formation du Corps des gardiens de la révolution islamique, Soleimani a rejoint cette institution révolutionnaire. Avec le début de la guerre imposée par le régime baasiste irakien à l'Iran, il a entraîné plusieurs bataillons de troupes kermanistes et les a envoyés sur les fronts sud. Quelque temps plus tard, il a lui-même été envoyé à Susangard à la tête d'une compagnie pour empêcher le régime baasiste d'avancer sur le front Maliki.

En 1981, Soleimani a été nommé commandant de la 41e division de Sarollah sur ordre de Mohsen Rezaei, alors commandant des Gardiens de la révolution. Il était l'un des commandants des opérations Valfajr 8, Karbala 4 et 5. Avec la fin de la guerre en 1988, la 41e division de Sarollah est revenue à Kerman sous le commandement de Sardar Soleimani et s'est engagée dans une guerre avec des malfaiteurs dirigés depuis les frontières orientales du pays. Sardar Soleimani a été nommé commandant de la force Qods du Corps des gardiens de la révolution islamique en 2000 par l'ayatollah Khamenei, commandant suprême des forces armées. En créant des menaces transfrontalières contre la République islamique, en particulier dans la région de l'Asie occidentale, la Force Qods a été formée pour mener les activités à l'étranger du CGRI, et Soleimani était le deuxième commandant de la force après Ahmad Vahidi. Avant sa nomination en tant que commandant de la Force Qods, Soleimani s'occupait de gangs de trafiquants de drogue aux frontières orientales de l'Iran.

Sardar Soleimani a joué un rôle clé et important au Moyen-Orient, en particulier dans les troubles dans la région connue sous le nom de réveil islamique (printemps arabe). Il avait auparavant joué un rôle dans la lutte contre les talibans en Afghanistan et les Takfiris dans l'est de l'Iran. Au cours de l'été 2006, le régime sioniste a lancé sa guerre de 33 jours contre le Hezbollah au Liban. Soleimani a contacté le Liban et travaillé avec les commandants de la résistance, dont Seyyed Hassan Nasrallah et Emad Mughniyeh, pour vaincre Israël et accepter un cessez-le-feu. A joué un rôle clé. L'assistance de la Force Al-

Qods dans la guerre de 22 jours durant l'hiver 2008 (décembre et janvier 2008 et 2009) du régime sioniste contre les forces de résistance palestiniennes à Gaza et infligeant une nouvelle défaite à Israël font partie des autres actions du commandant martyr de la Force Qods du CGRI. Sardar Soleimani a reçu le grade de général de division (le plus haut grade militaire de l'Iran) en février 2011 par l'ayatollah Khamenei, commandant en chef des forces armées.

Après l'émergence et la montée de l'Etat islamique en Irak et en Syrie, Sardar Soleimani a combattu dans la région et a joué un rôle indéniable dans l'expulsion de l'Etat islamique d'Irak et la réduction de l'influence de ce groupe takfiri en Syrie. کرد. La création d'al-Hashdal al-Shaabi, ou forces de mobilisation populaire en Irak et en Syrie, et la formation de groupes chiites yéménites, ainsi que l'assistance au

Hezbollah au Liban et aux groupes palestiniens impliqués dans le régime sioniste, ont fait partie des actions de Sardar Soleimani au Moyen-Orient au fil des ans. L'hébreu-arabe doit jouer un rôle dans la création d'un nouveau Moyen-Orient. Sardar Soleimani a joué un rôle clé dans la défense du peuple syrien et irakien contre le groupe terroriste ISIS et les groupes takfiri de la région.

Alors que l'EIIL s'approchait de la capitale irakienne, Bagdad, Sardar Soleimani est entré en personne et a empêché la chute de la capitale irakienne en planifiant et en surveillant la zone d'opérations, puis en lançant des opérations pour reprendre les zones occupées par l'EIIL en Iraq. Et la Syrie a ordonné que les victoires du Front de Résistance se forment dans la région. Suite aux succès de Sardar Soleimani sur différents fronts de la bataille, le 10 mars 2017, il a eu l'honneur de recevoir la médaille Zulfiqar de l'ayatollah Khamenei, le commandant suprême des forces armées. L'emblème de Zulfiqar est l'emblème militaire le plus honorable de l'Iran, qui a été décerné à Soleimani par les dirigeants pour la première fois après la révolution. Auparavant, l'emblème militaire le plus honorable de l'Iran était l'emblème de la conquête, dont Soleimani avait trois exemples.

Dans la matinée du vendredi 4 décembre 2009, des hélicoptères militaires américains ont tiré directement sur le président américain Donald Trump, ciblant des véhicules transportant Sardar Qassem Soleimani, commandant de la Force Qods des Gardiens de la révolution, et Abu Mahdi al-Mohandes, commandant adjoint de la mobilisation du peuple irakien (al-Hashd al-Shabi) autour de l'aéroport de Bagdad. Et cet

acte terroriste des États-Unis a conduit au martyre d'un commandant dont le nom a secoué les membres des forces Takfiri de la région et bien sûr les sionistes.
Ces dernières années, le martyr Soleimani avait souligné à plusieurs reprises le soutien des groupes de résistance, la nécessité de libérer Qods et d'affronter les sionistes. Le 30 août 2014, il a publié un message sur les attaques du régime sioniste contre la bande de Gaza, soulignant que le désarmement de la résistance est une fausse notion qui ne se réalisera jamais. Dans une partie de son message aux Palestiniens, Sardar Soleimani a écrit: Chers amis palestiniens dans toute la Palestine, à Gaza, dans la stabilité et la résistance! La paix, la paix et les bénédictions de Dieu soient sur vous. La Palestine en ce moment est la frontière entre le bien et le mal, le bien et la justice, l'oppresseur et

l'opprimé. La Palestine est un volcan divin qui ne s'éteint qu'en expulsant les occupants usurpateurs.

Références

1. Avant la Première Guerre mondiale, les sionistes étaient attachés à l'Allemagne; Mais voyant la défaite imminente de l'Allemagne et la victoire de la Grande-Bretagne, ils se sont tournés vers elle.
2. Yuri Ivanov, sionisme, p. 13, 45, 48 et 54.
3. Al-Masiri, sionisme, p. 29.
4. Zaytar, The History of Palestine or the Black Record of Colonialism, traduit par Akbar Hashemi Rafsandjani, p. 81.
. Dolandlen, World History, traduit par Ahmad ش5. Behmanesh, vol. 2, p. 397.
6. Vaziri Kermani, Israël, Nouveau fascisme, p.163.
7. Ahmadi, Les racines de la crise au Moyen-Orient, p.149.
8. Abdul Wahab Kiyali, Histoire moderne de la Palestine, traduit par Mohammad Jawahar Kalam, p.95.

Printed by Books on Demand GmbH, Norderstedt / Germany